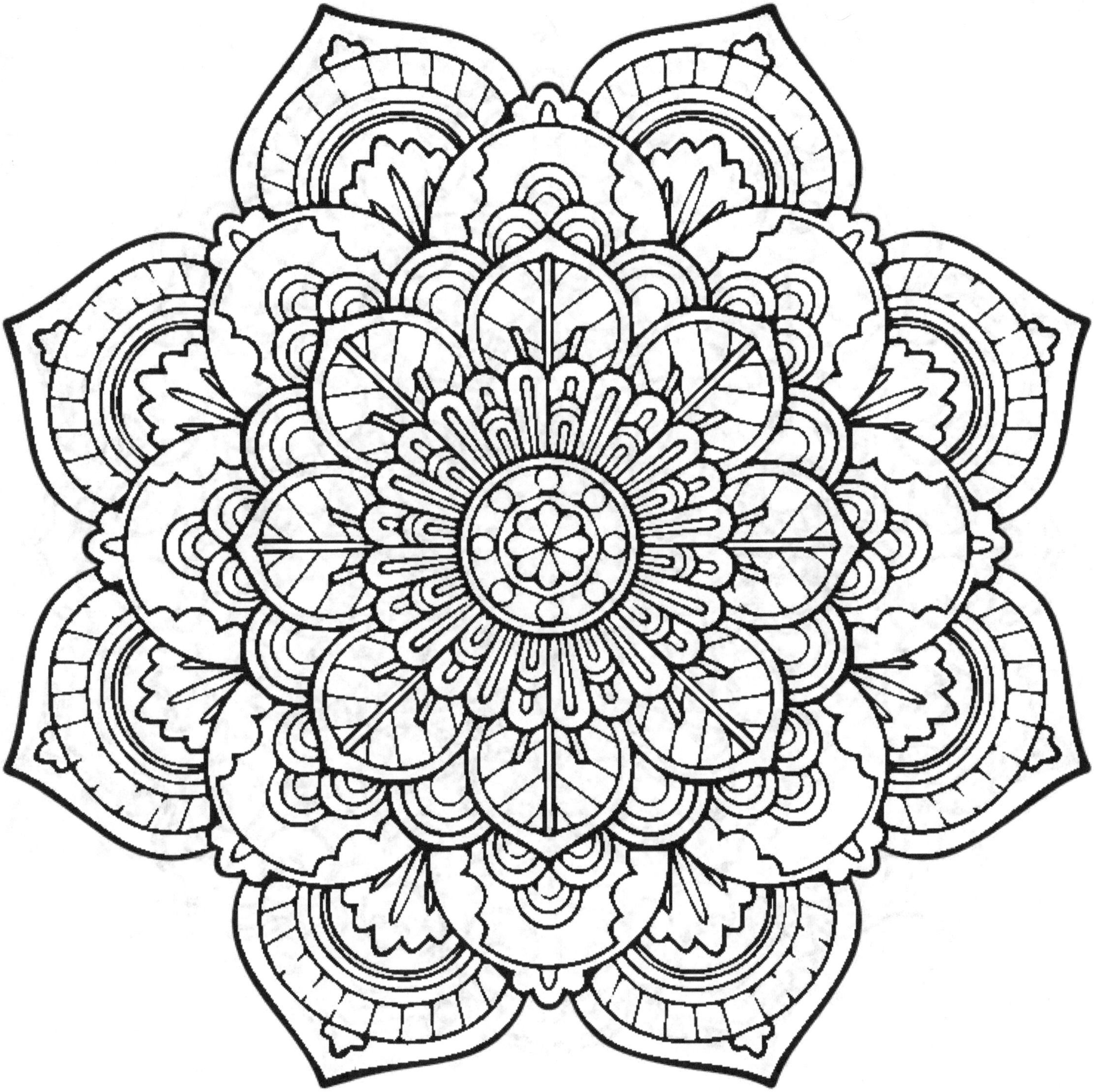

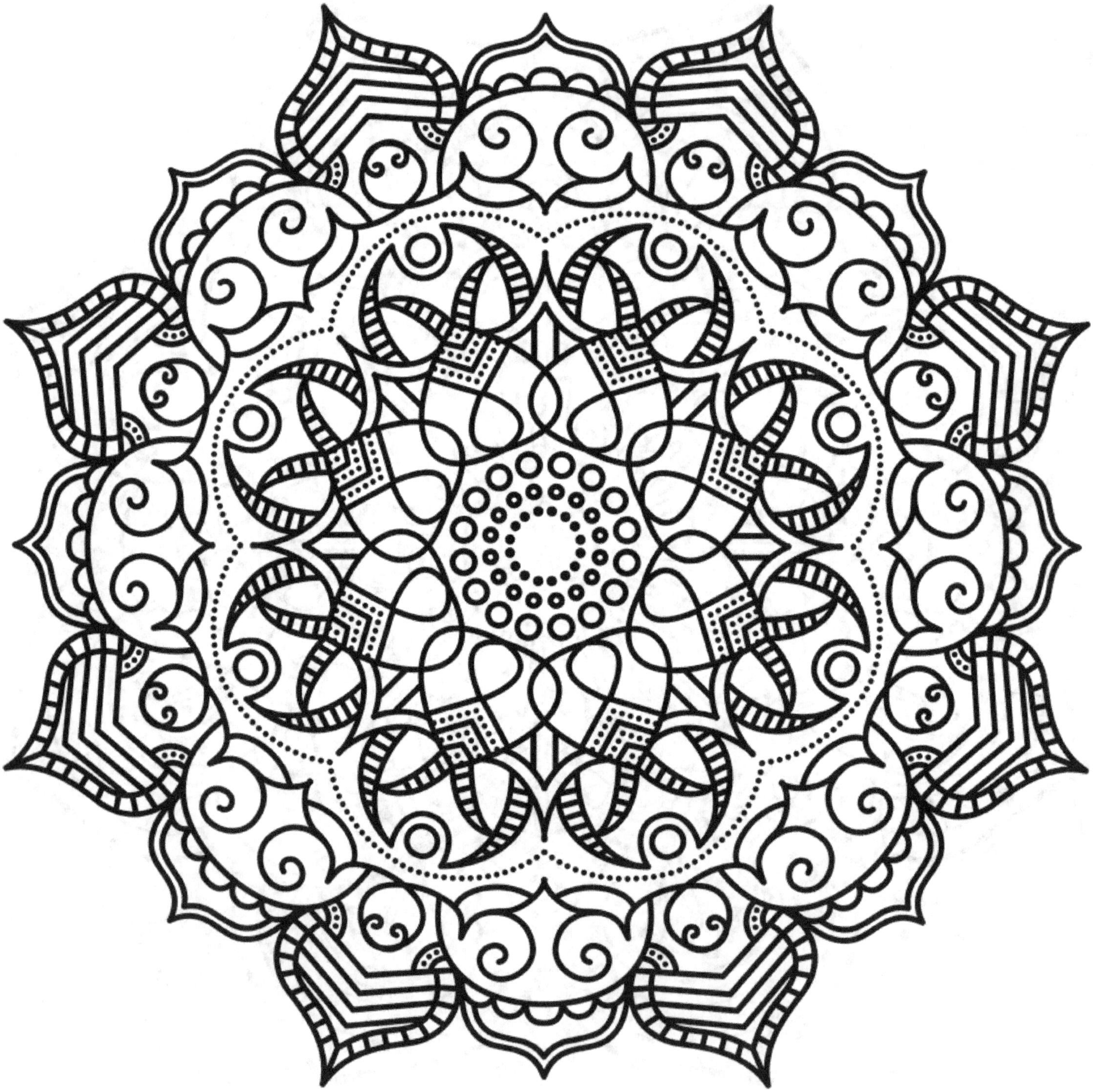

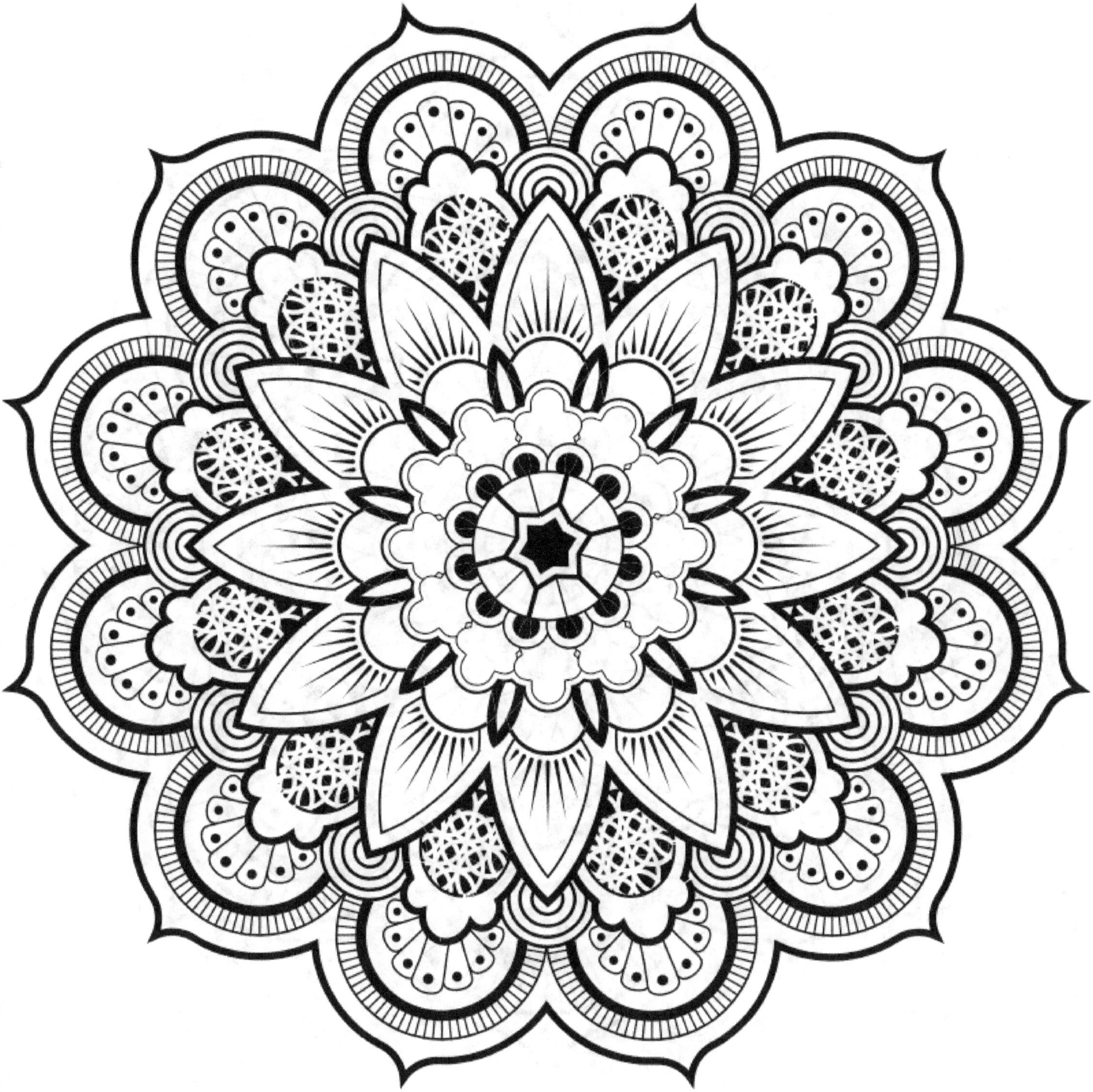

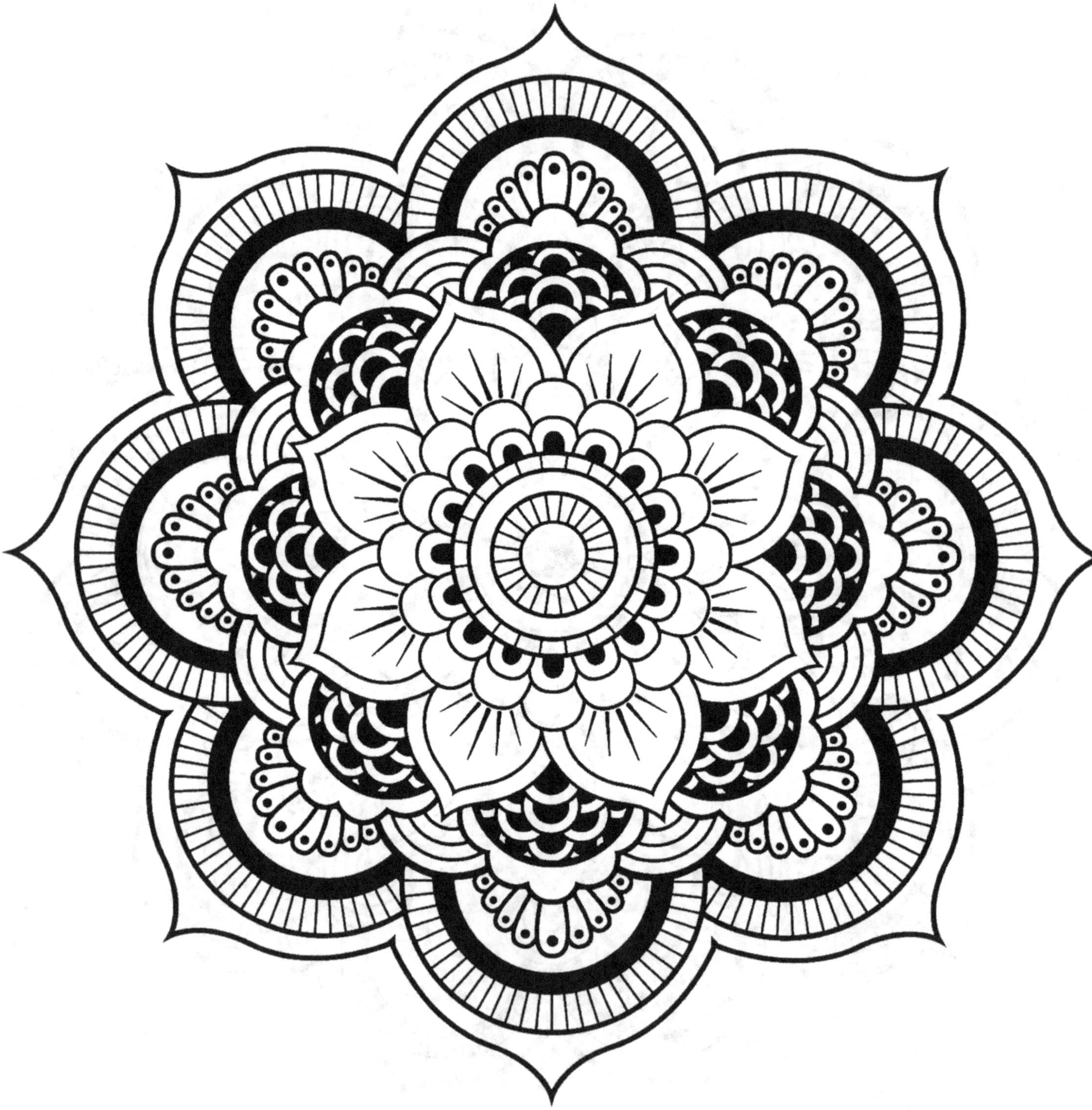

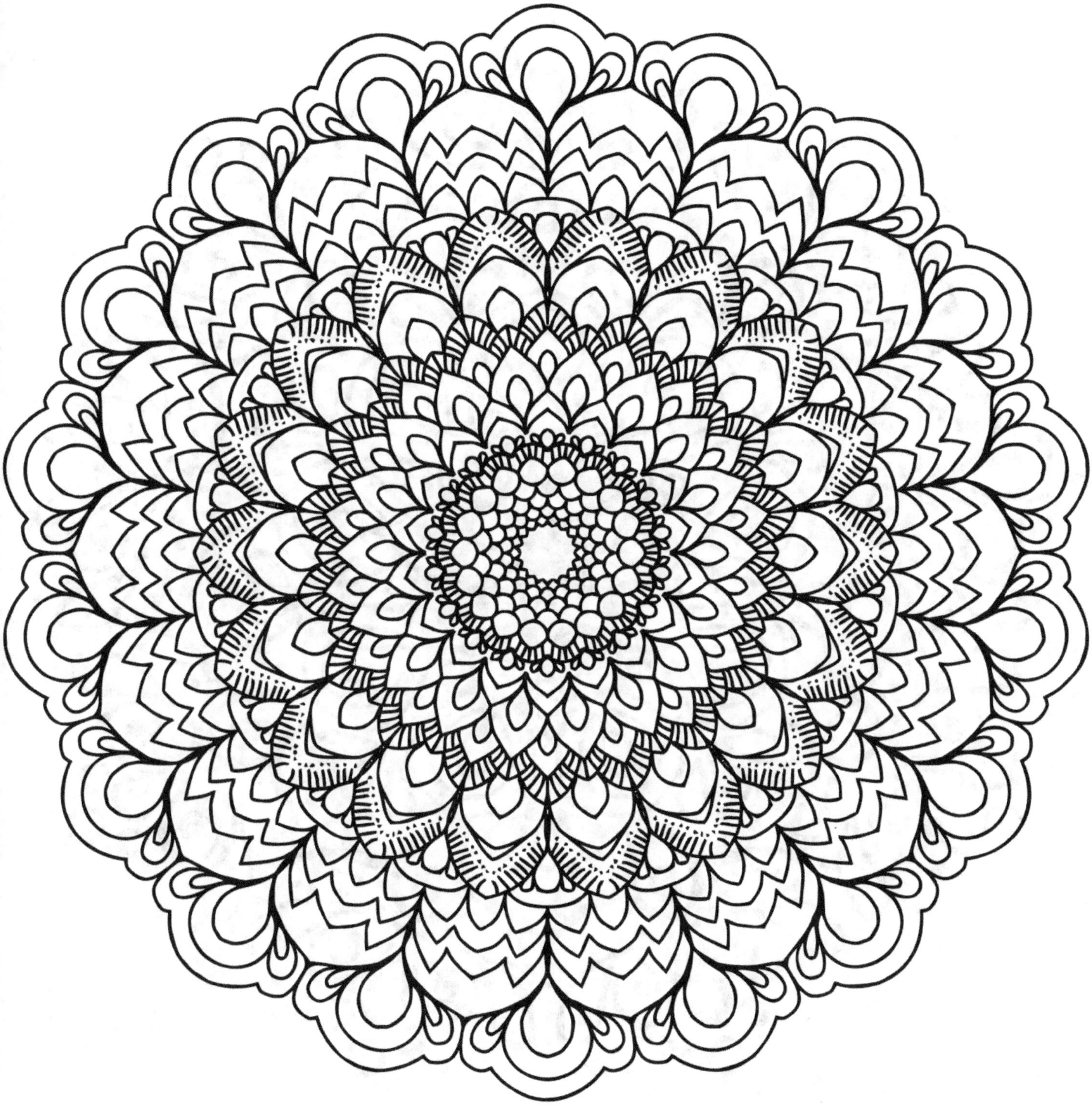

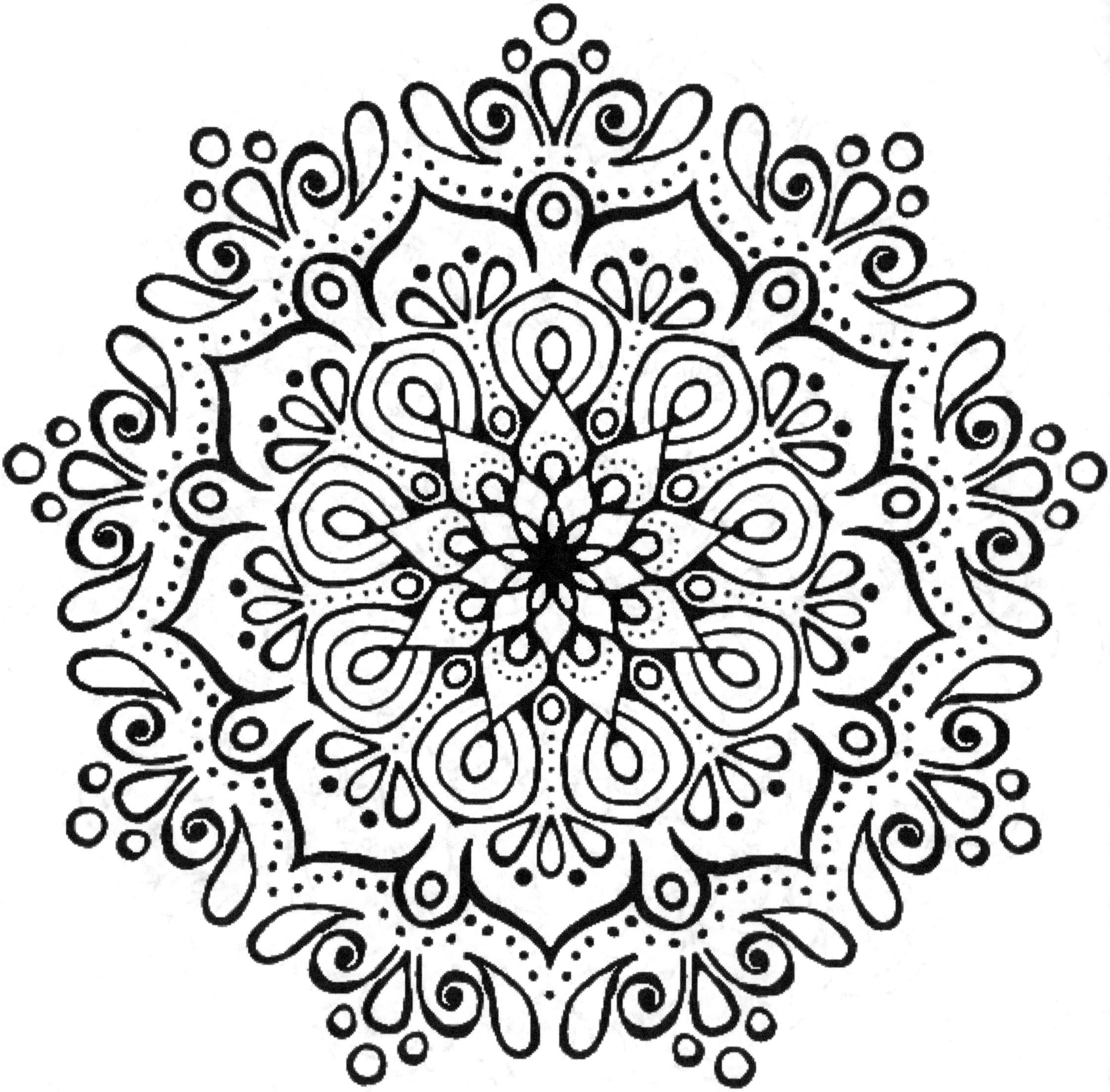

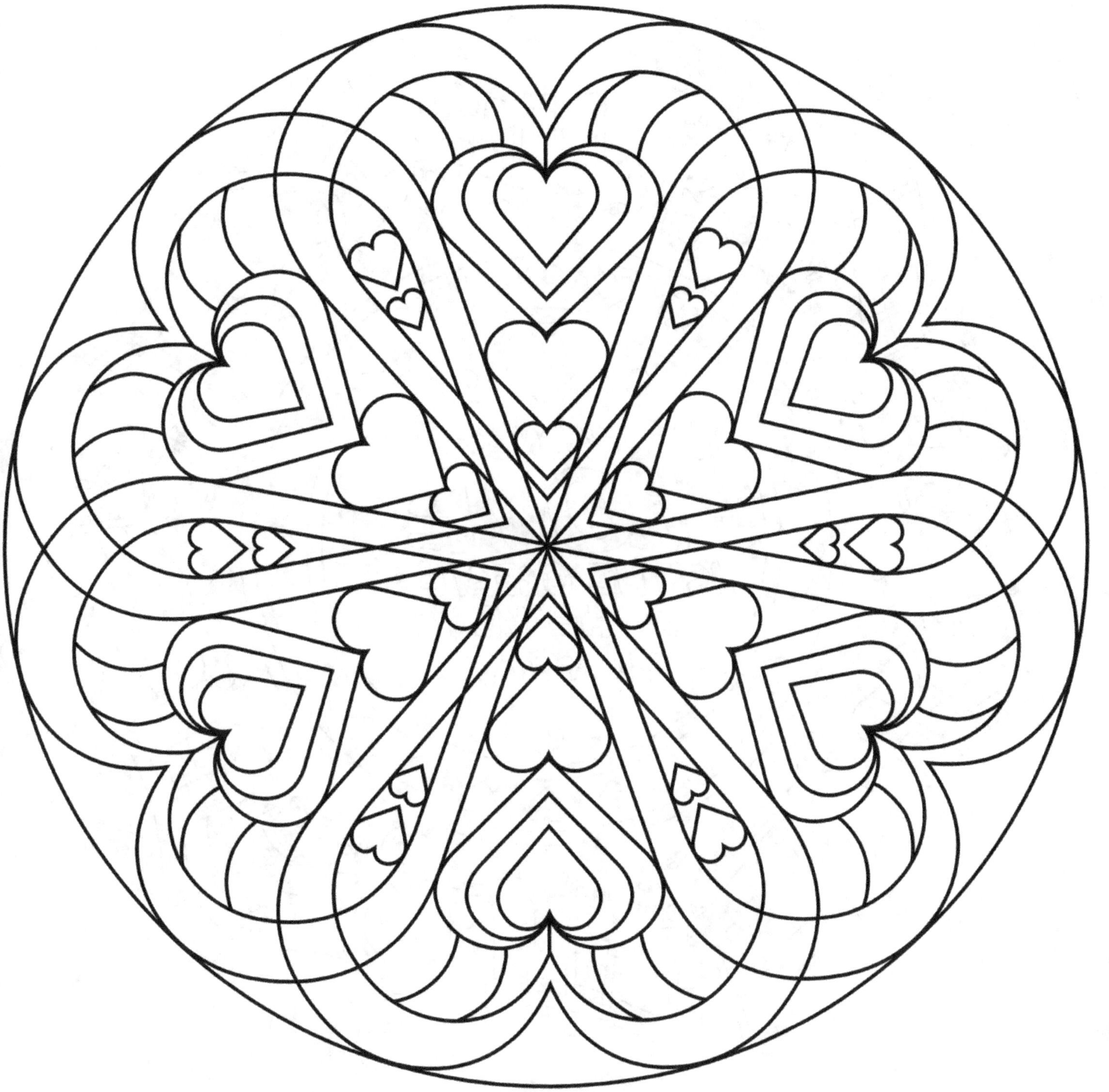

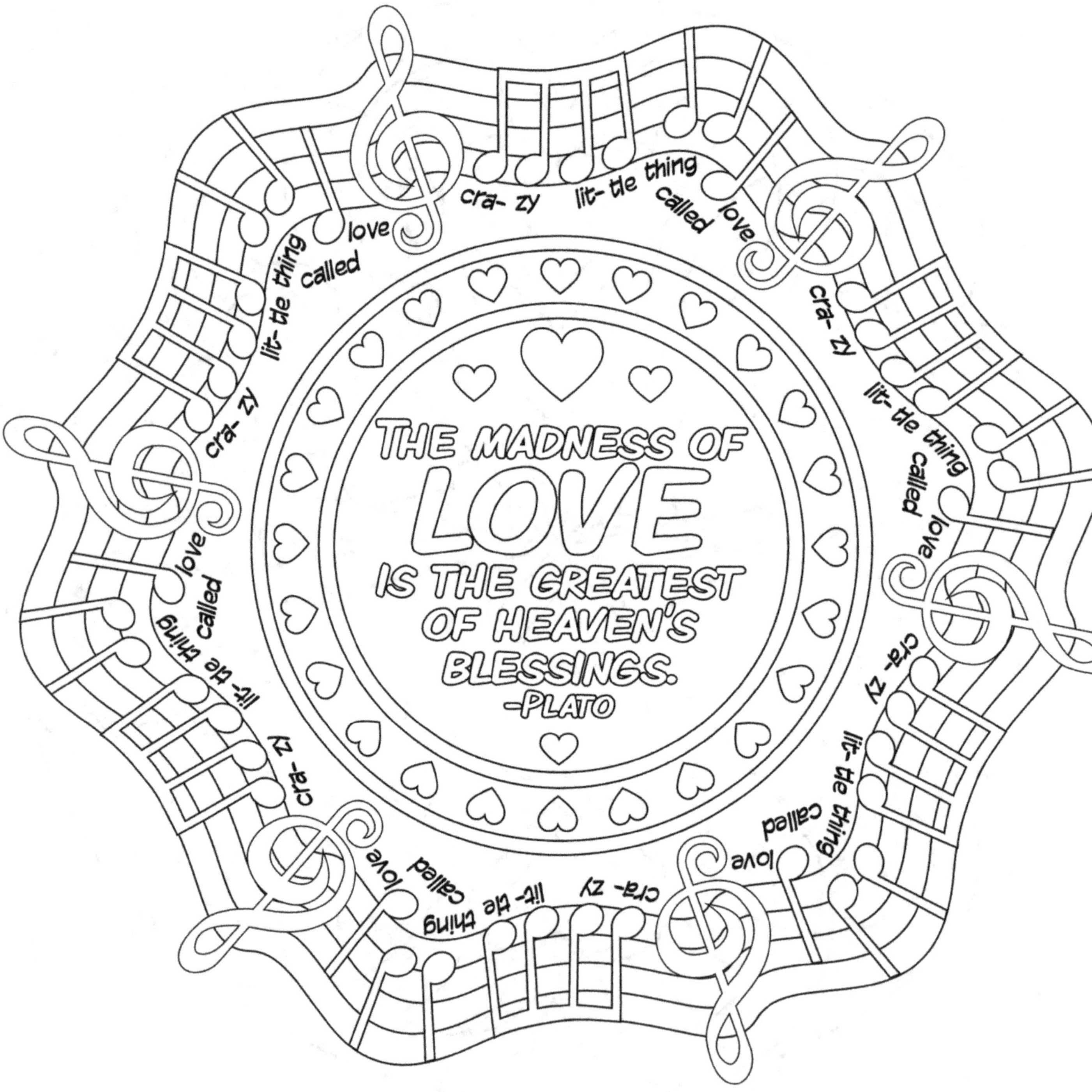
THE MADNESS OF
LOVE
IS THE GREATEST
OF HEAVEN'S
BLESSINGS.
-PLATO
cra- zy lit- tle thing called love
cra- zy lit- tle thing called love
cra- zy lit- tle thing called love
cra- zy lit- tle thing called love
cra- zy lit- tle thing called love
cra- zy lit- tle thing called love
cra- zy lit- tle thing called love
cra- zy lit- tle thing called love

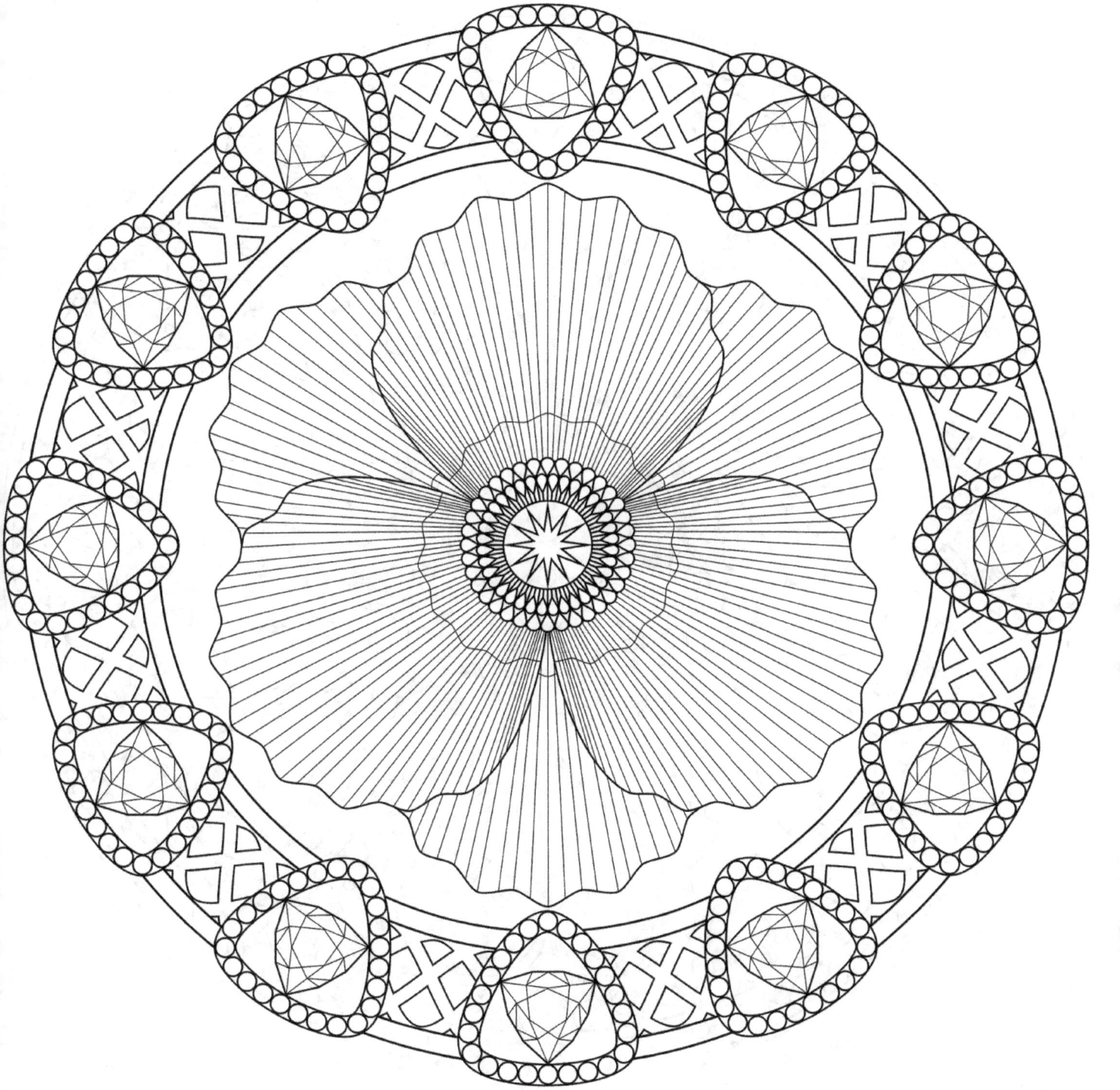

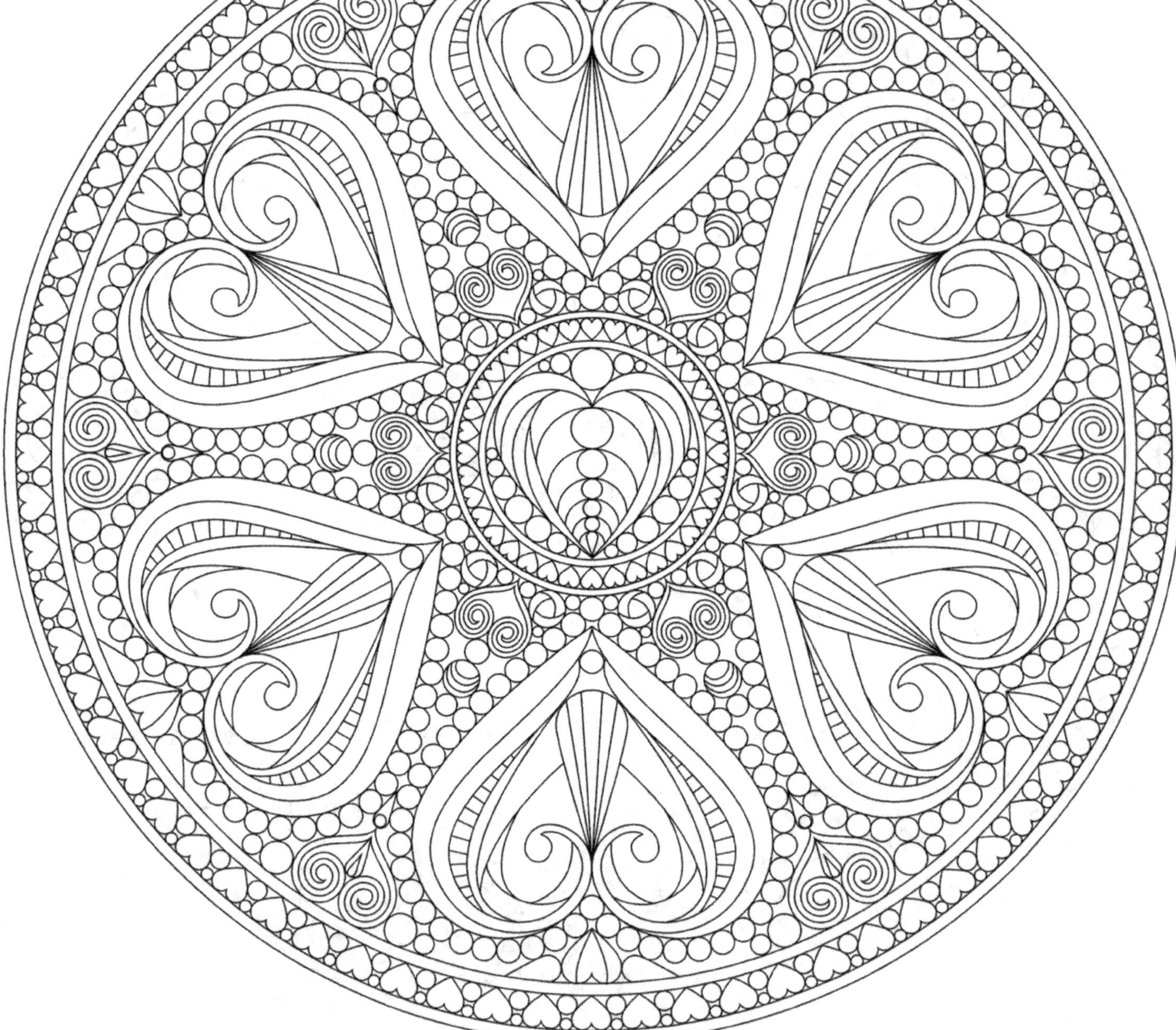

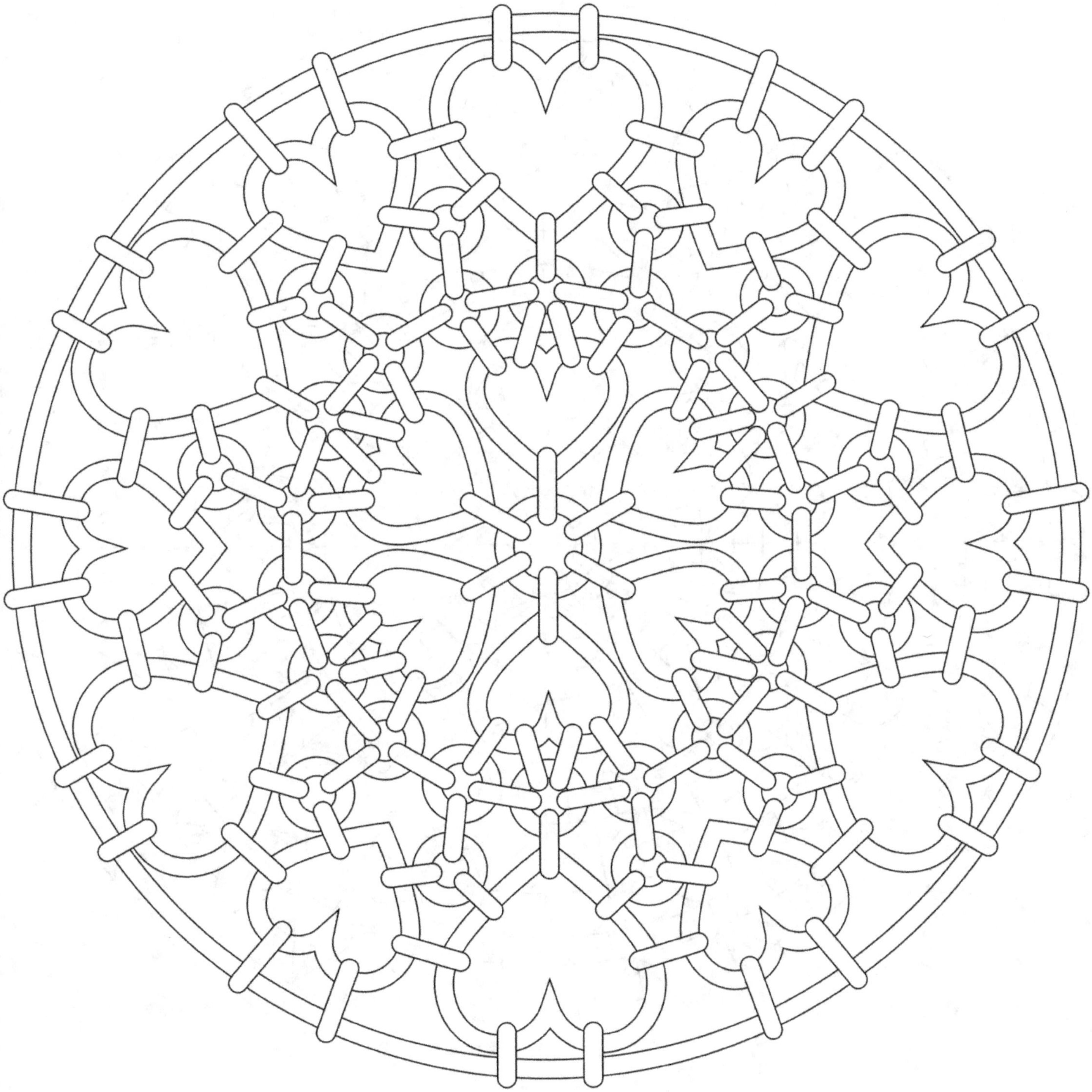

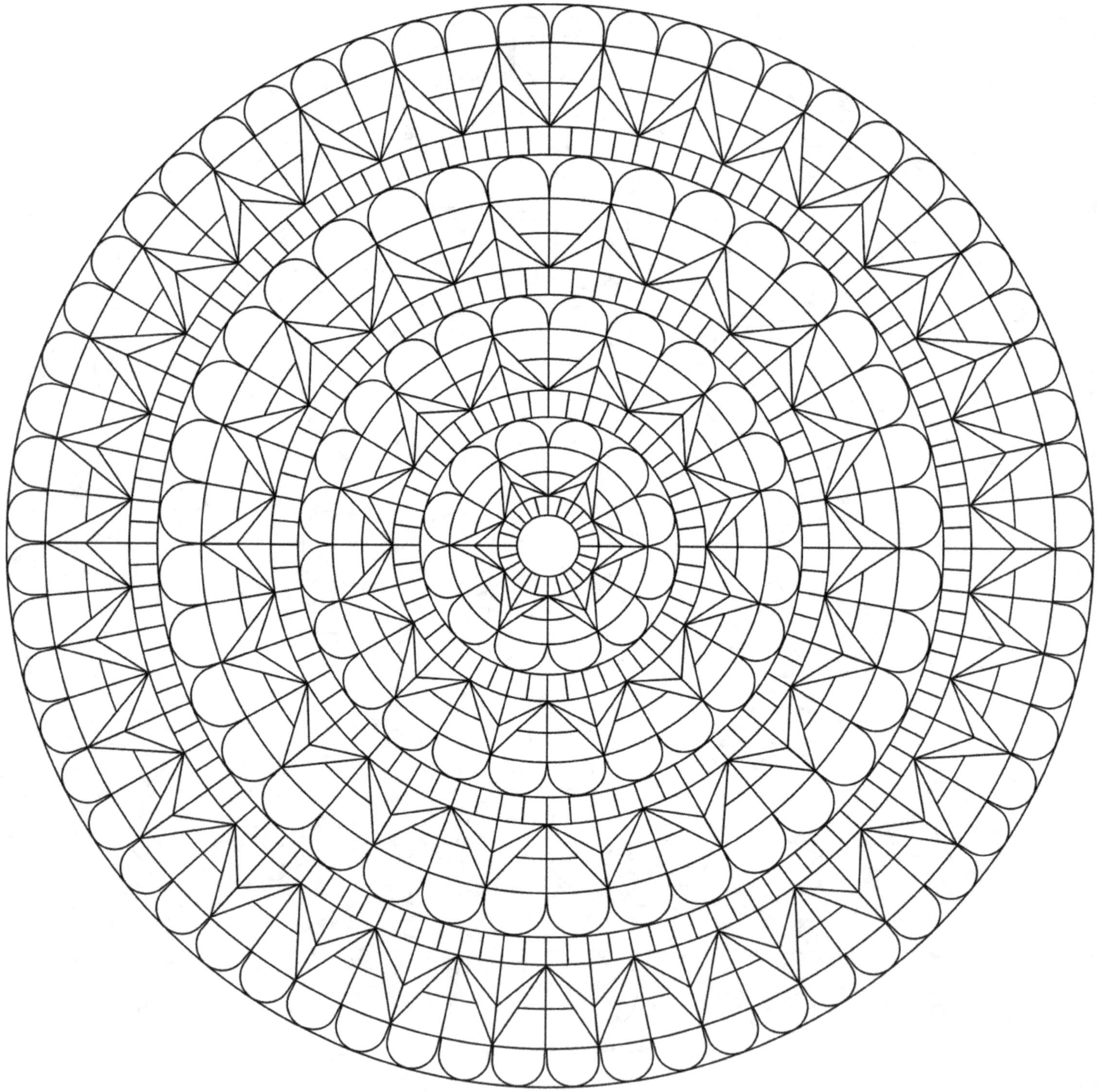

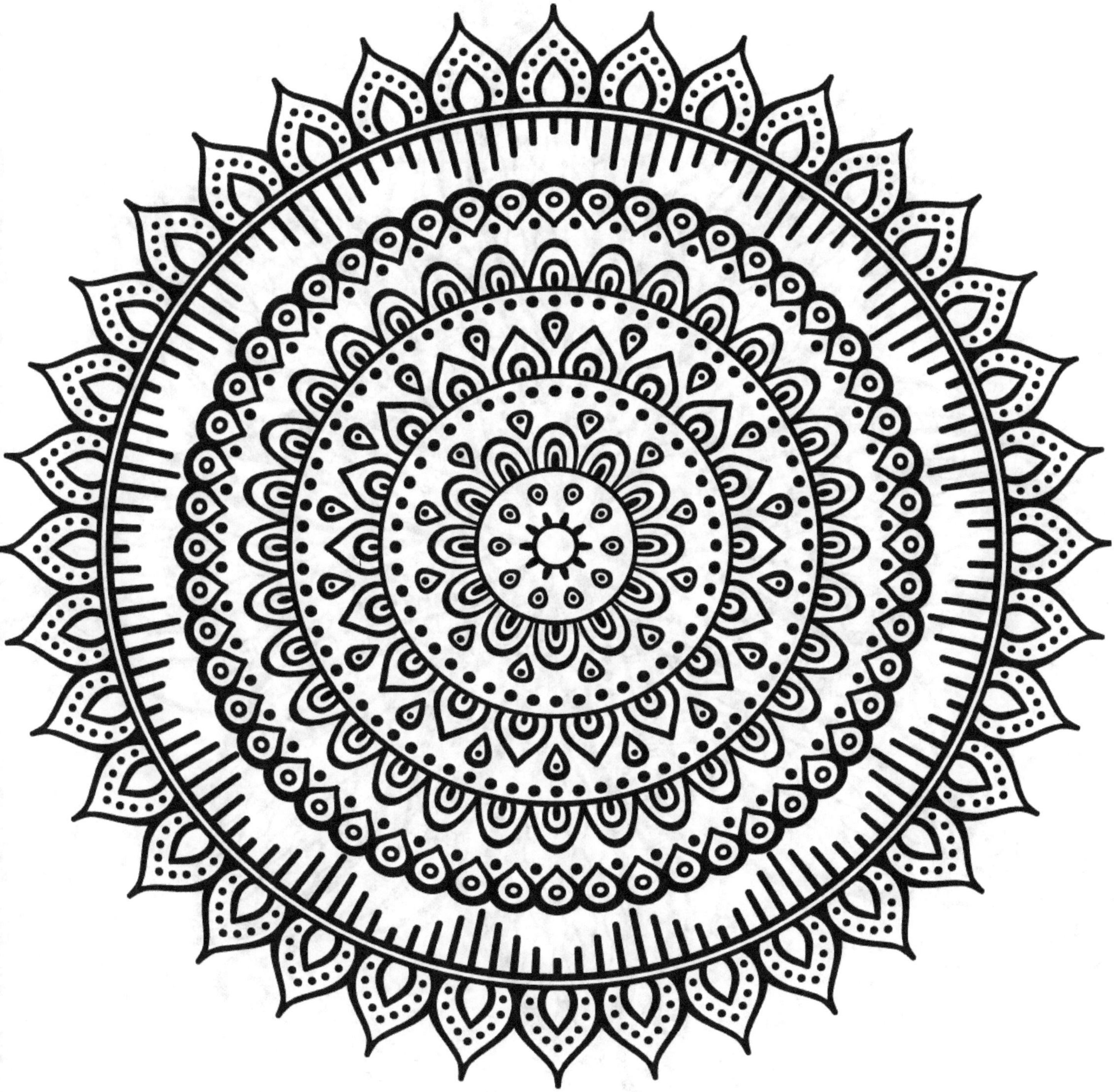

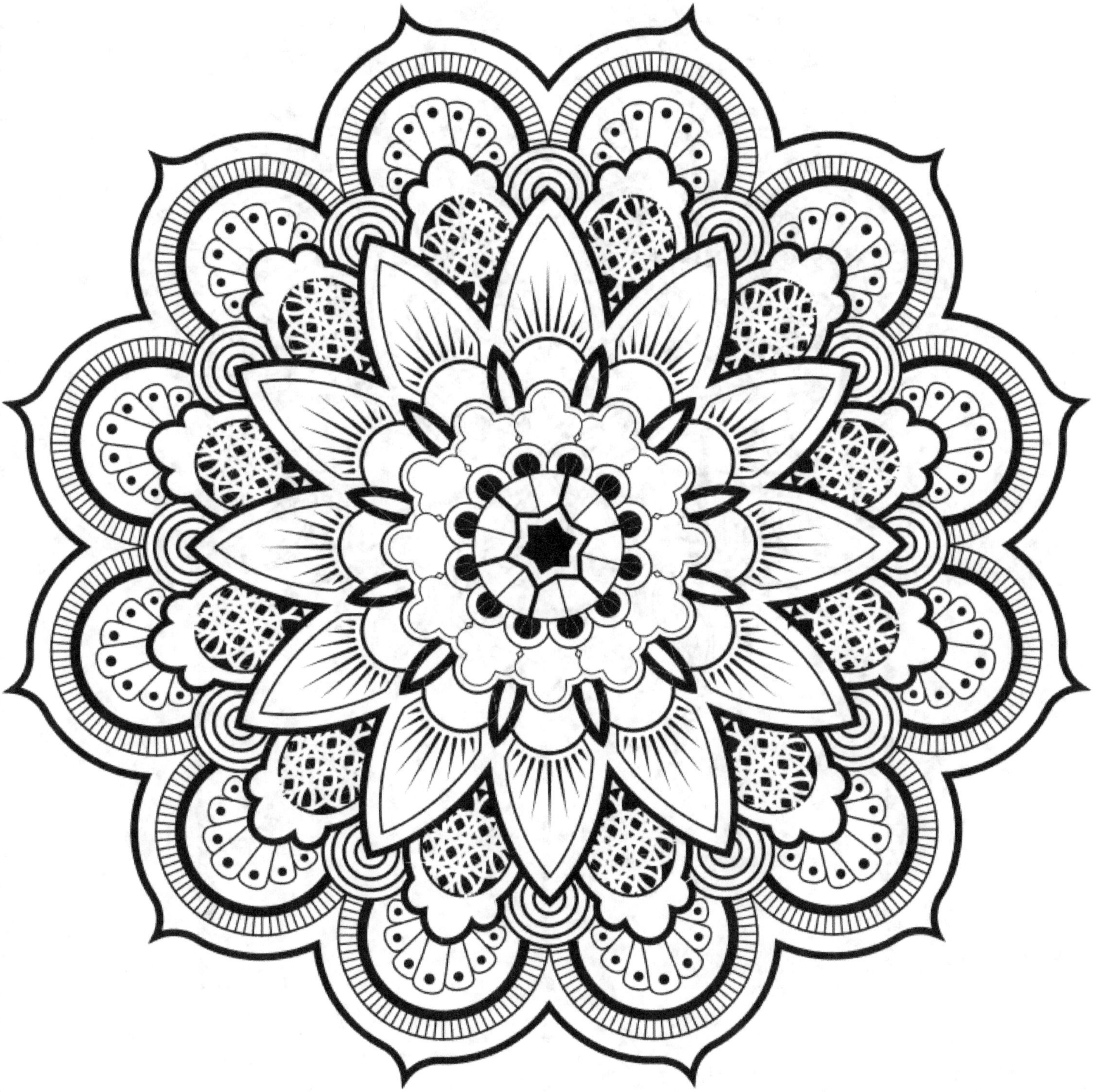

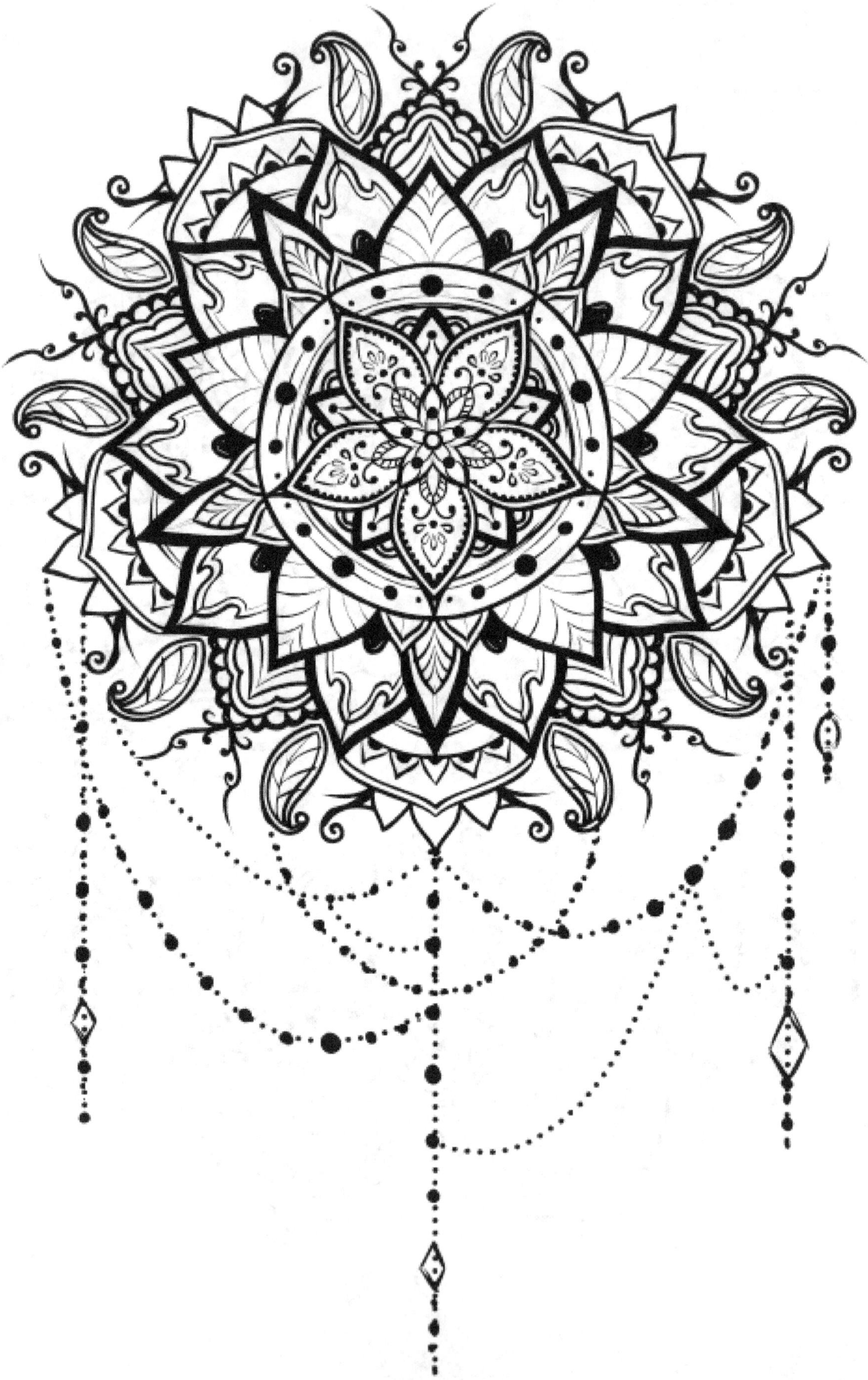

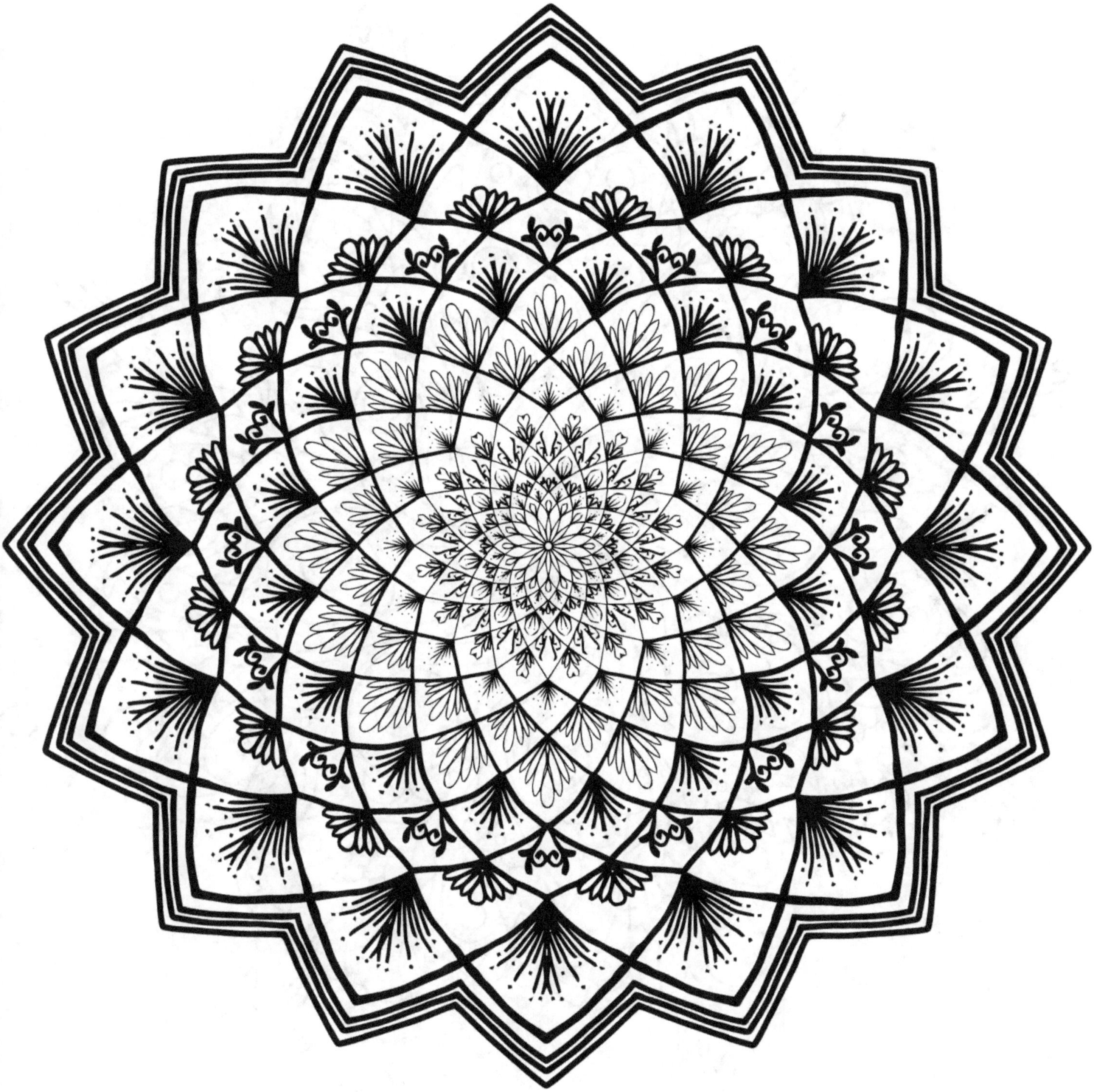

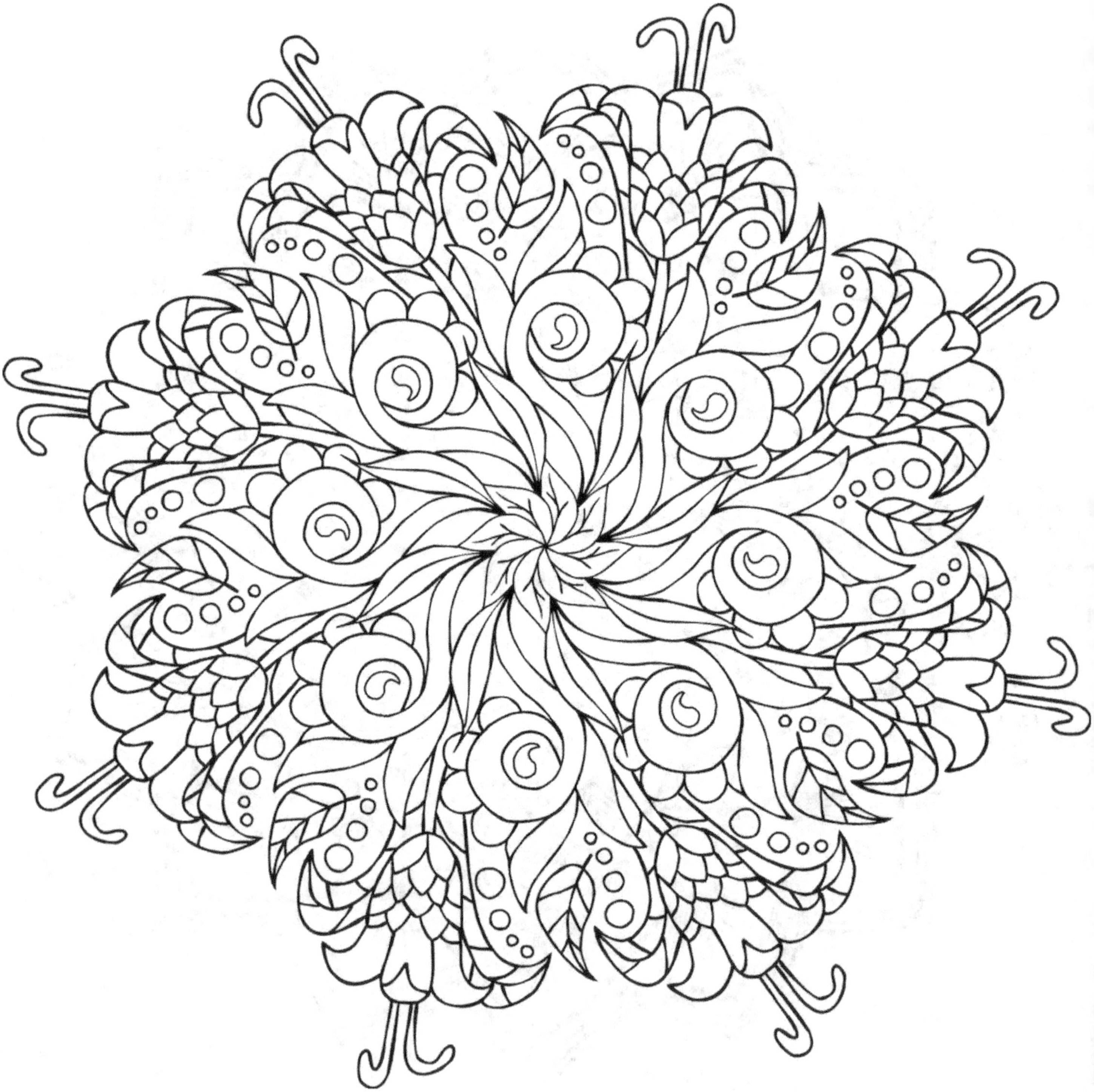

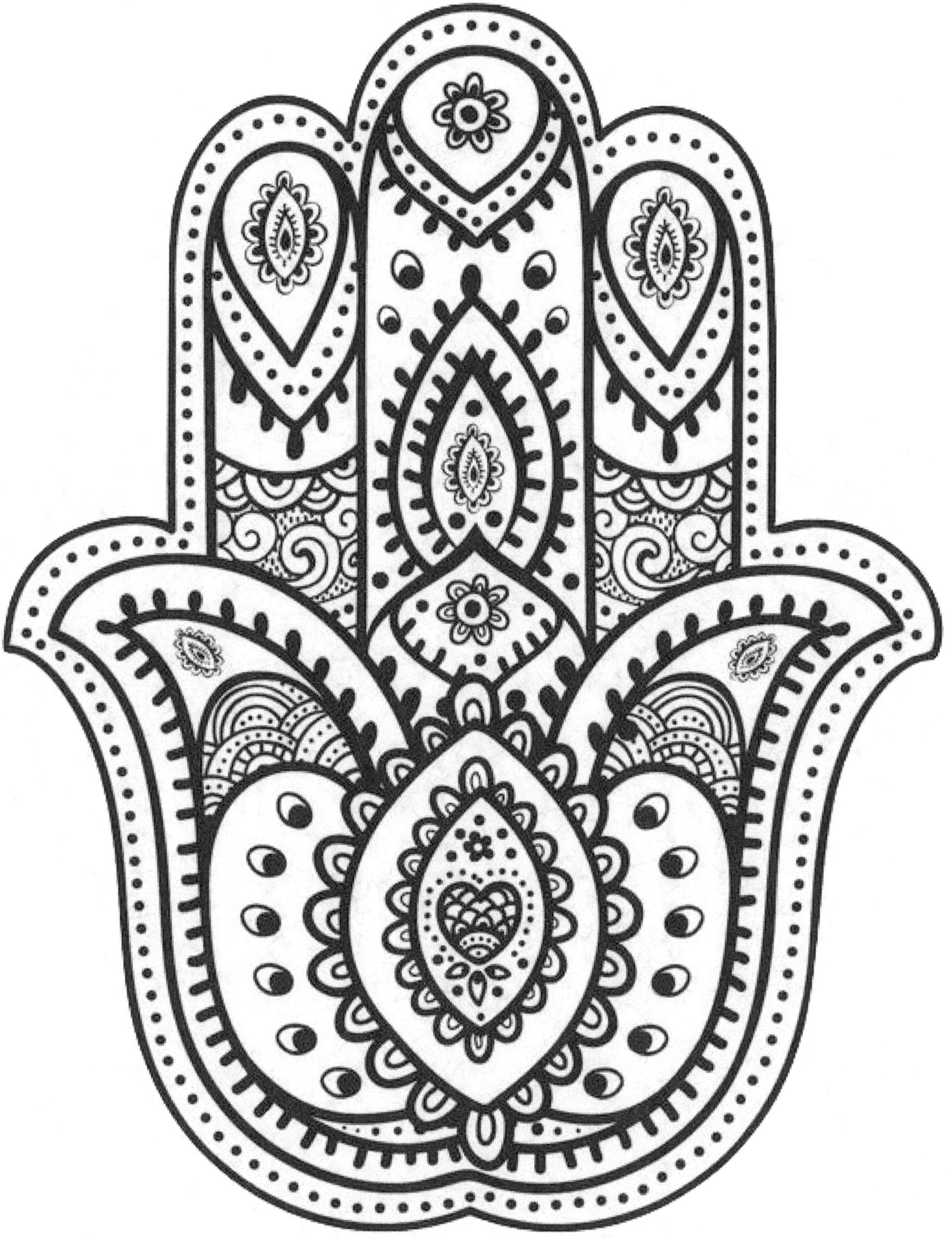

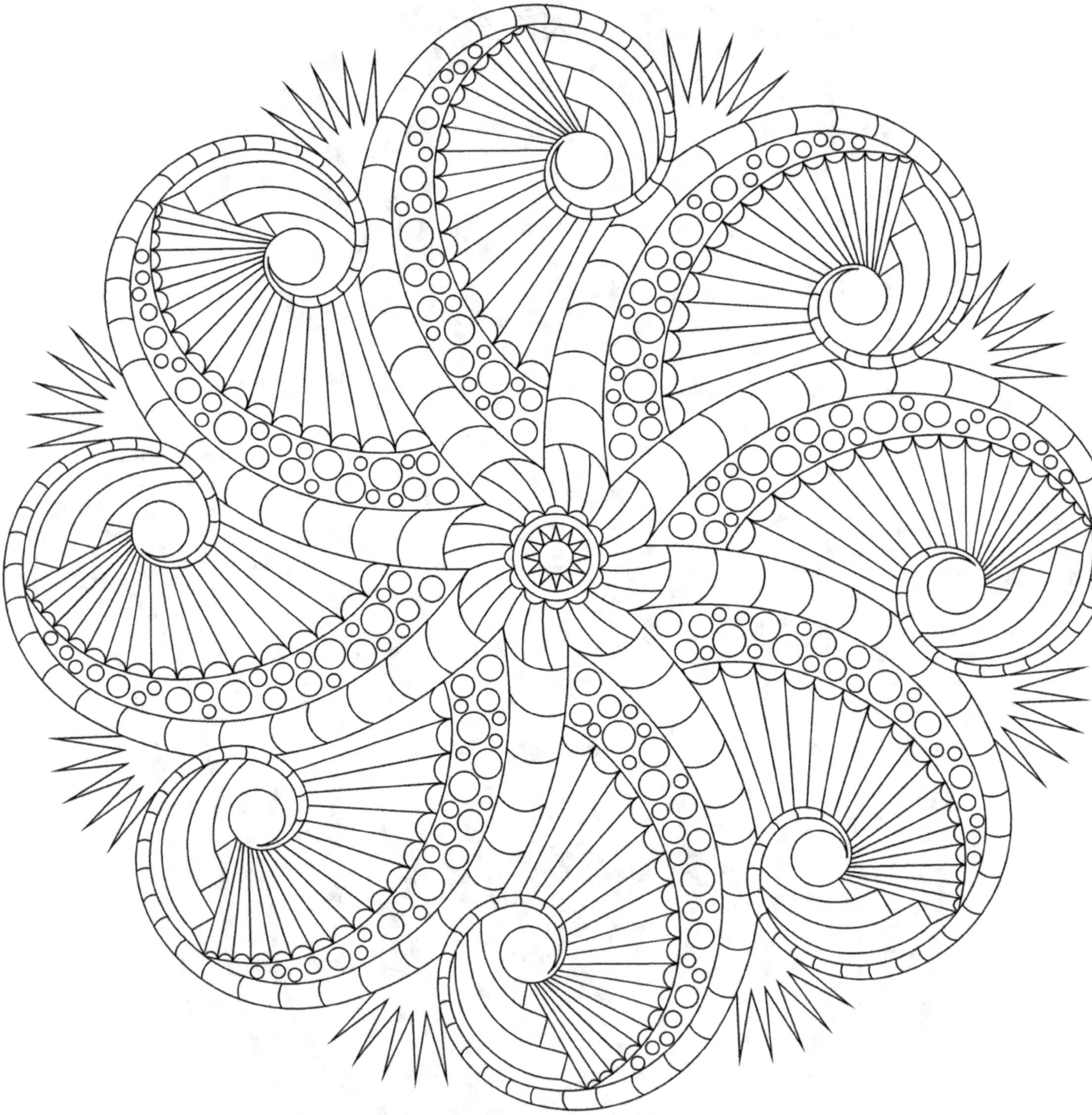

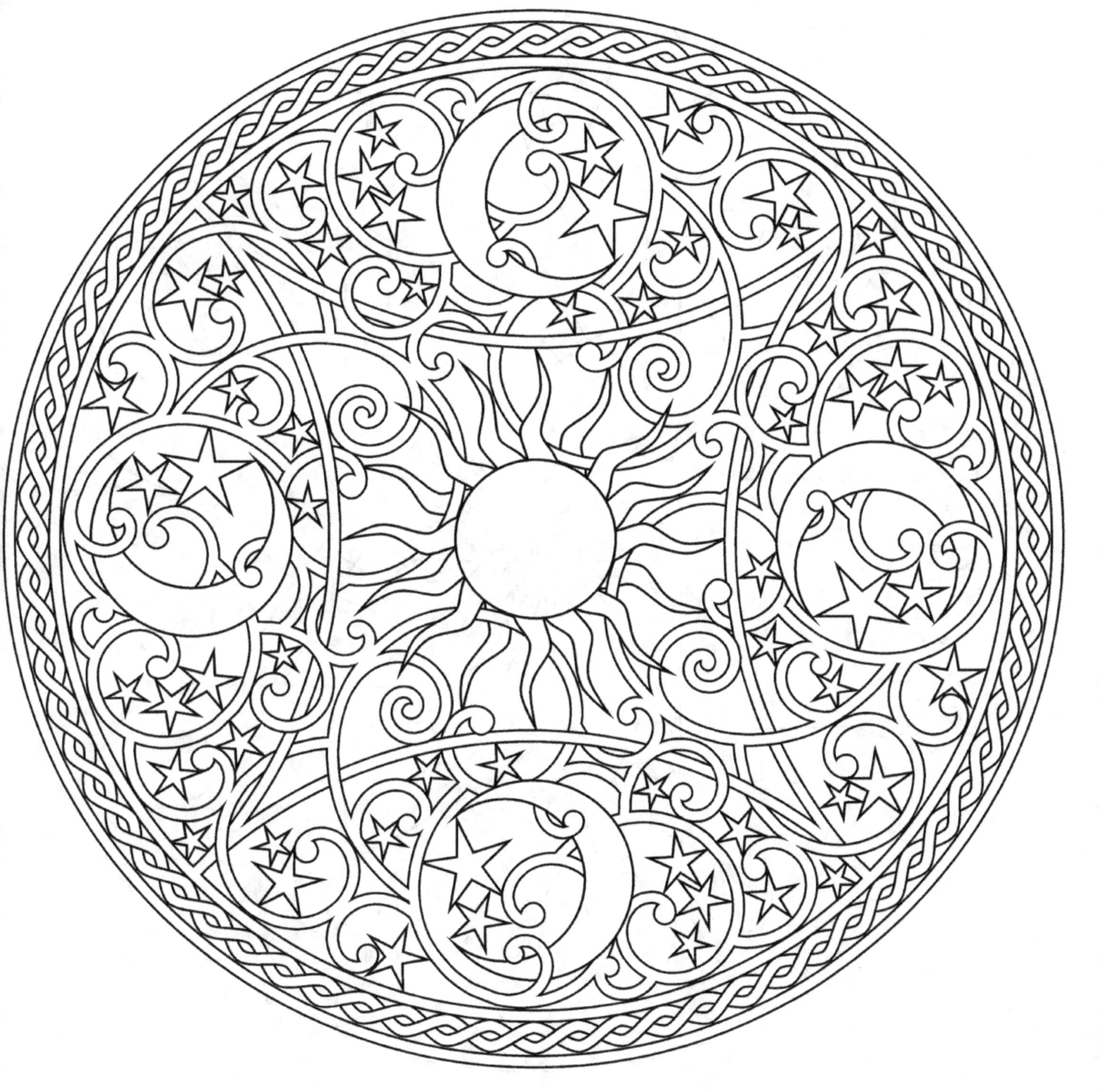

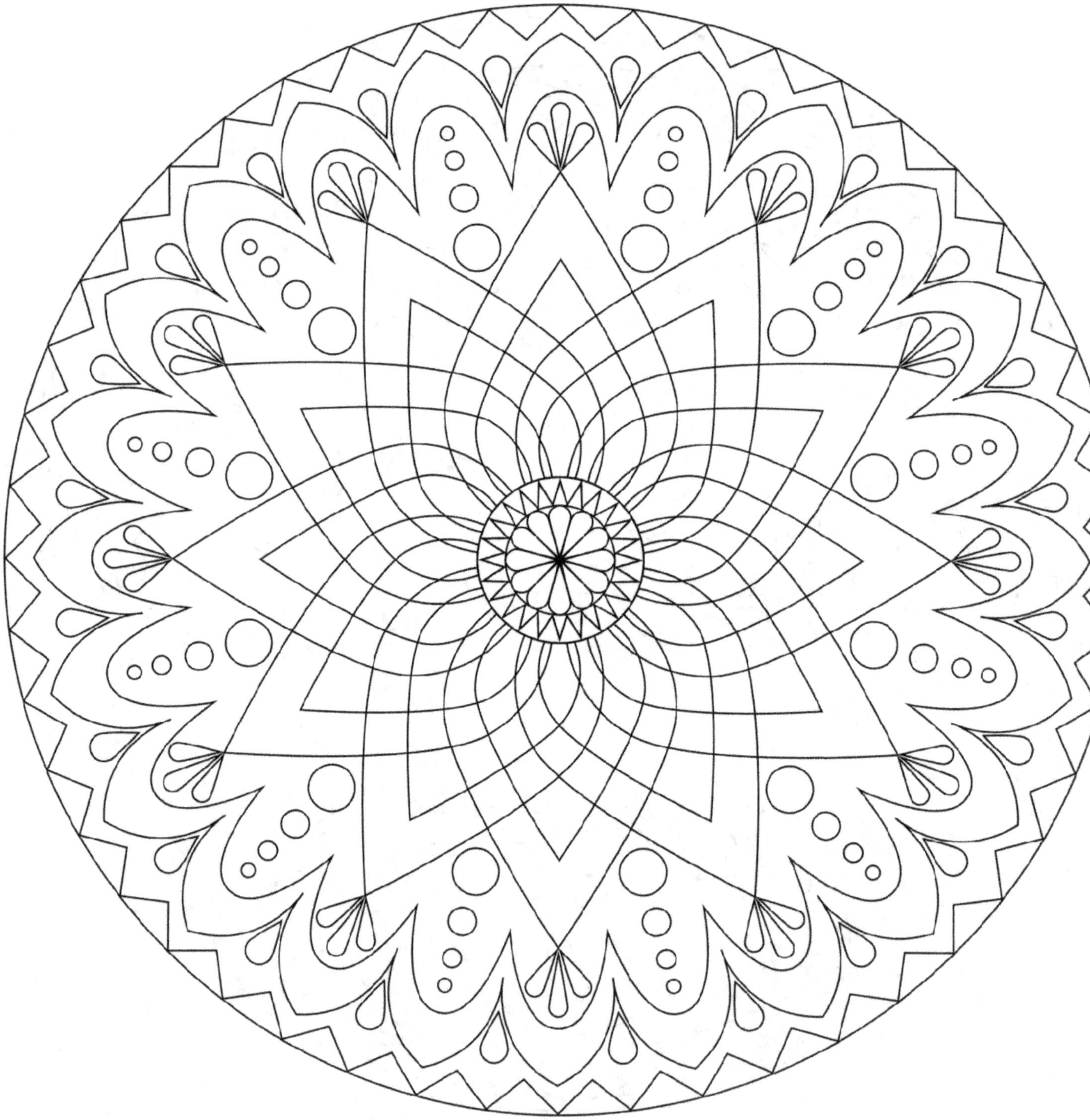

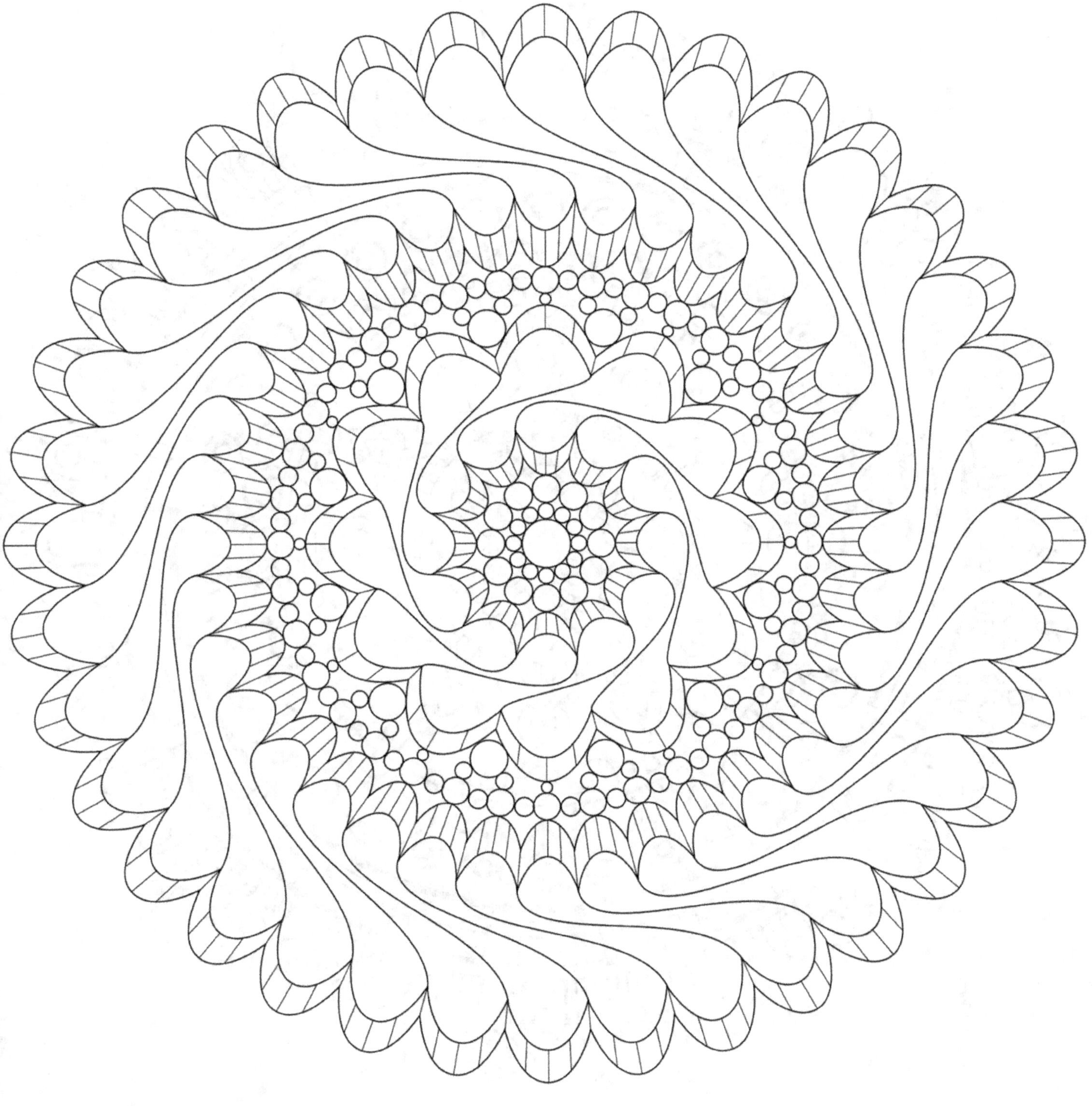

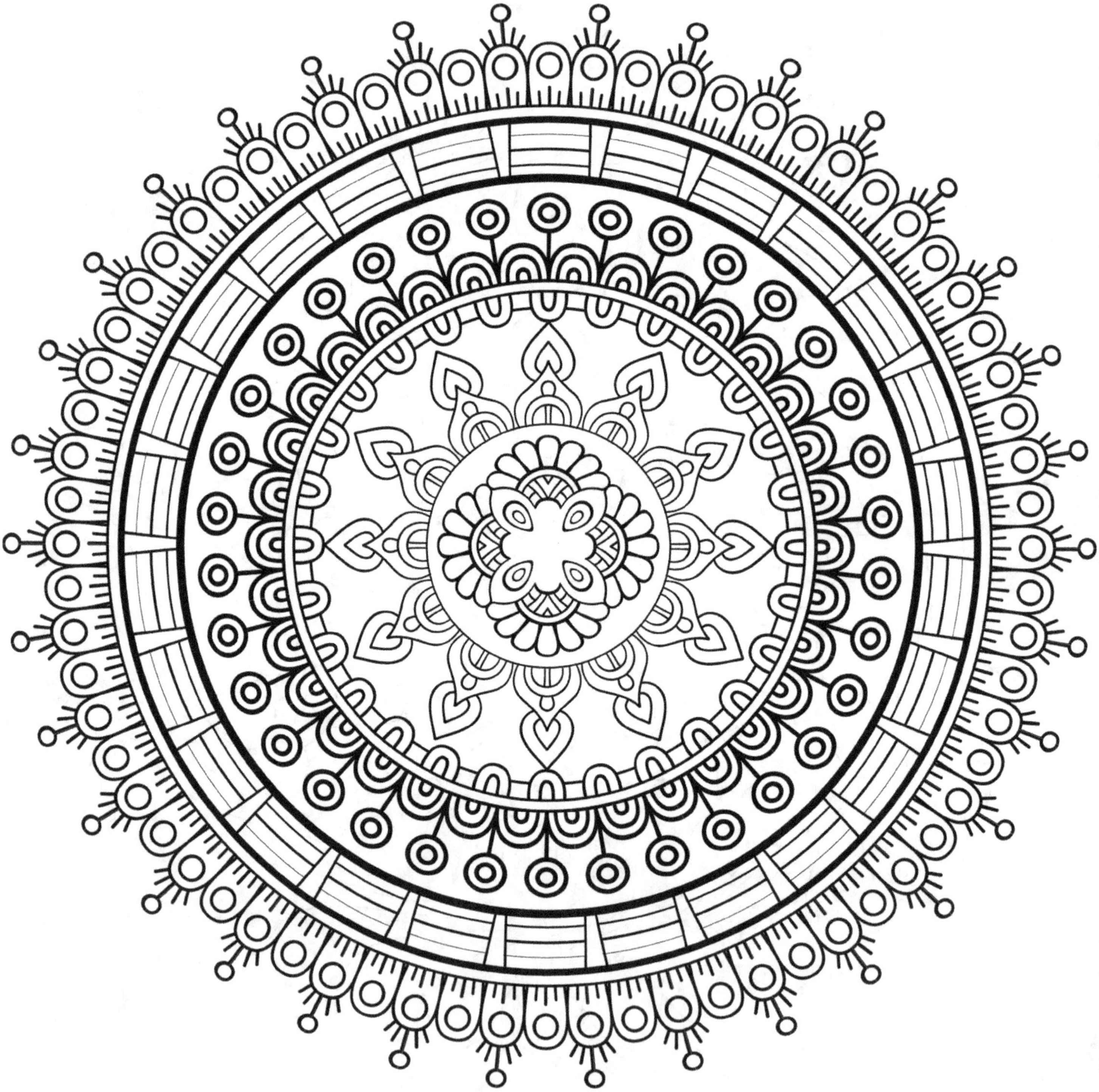

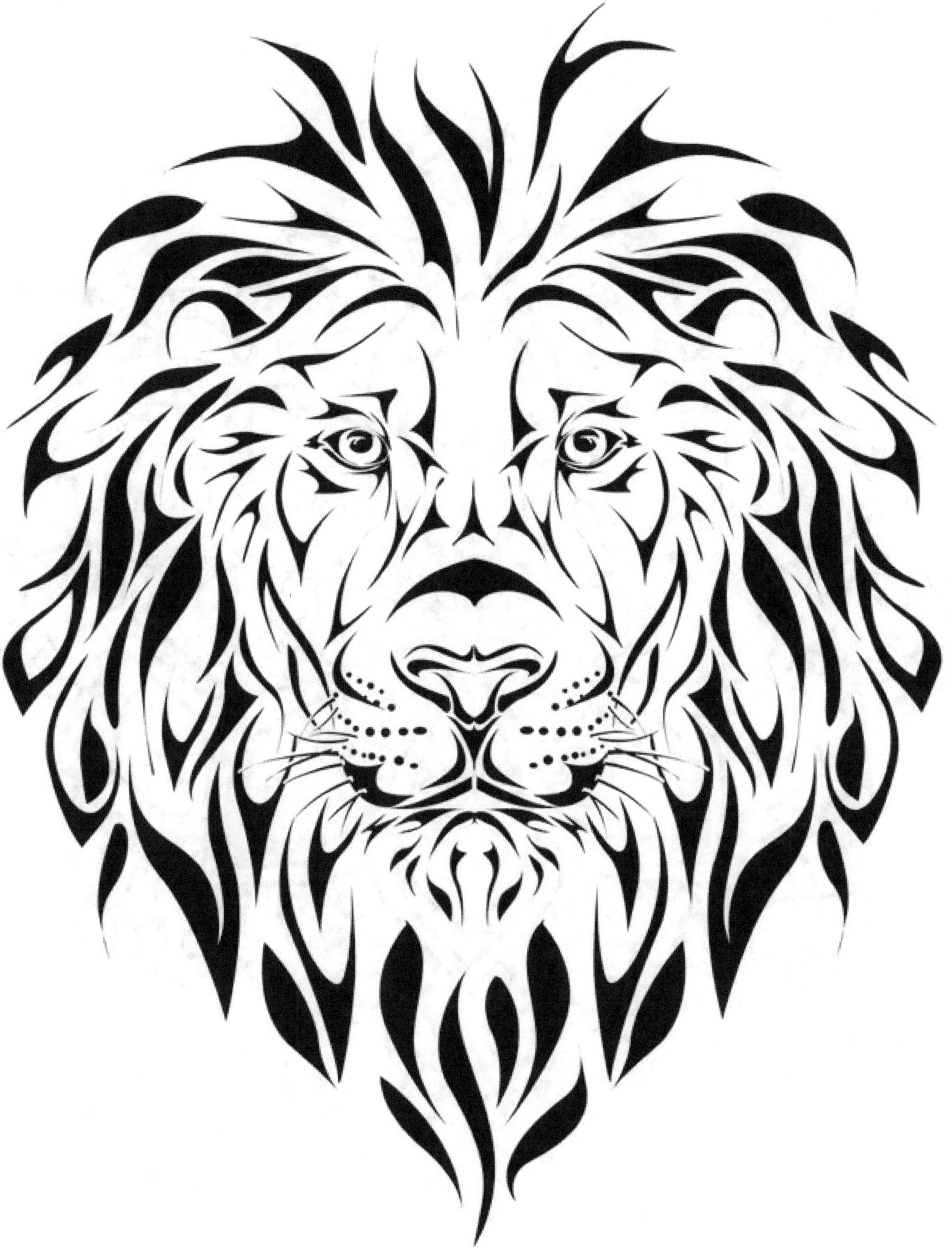

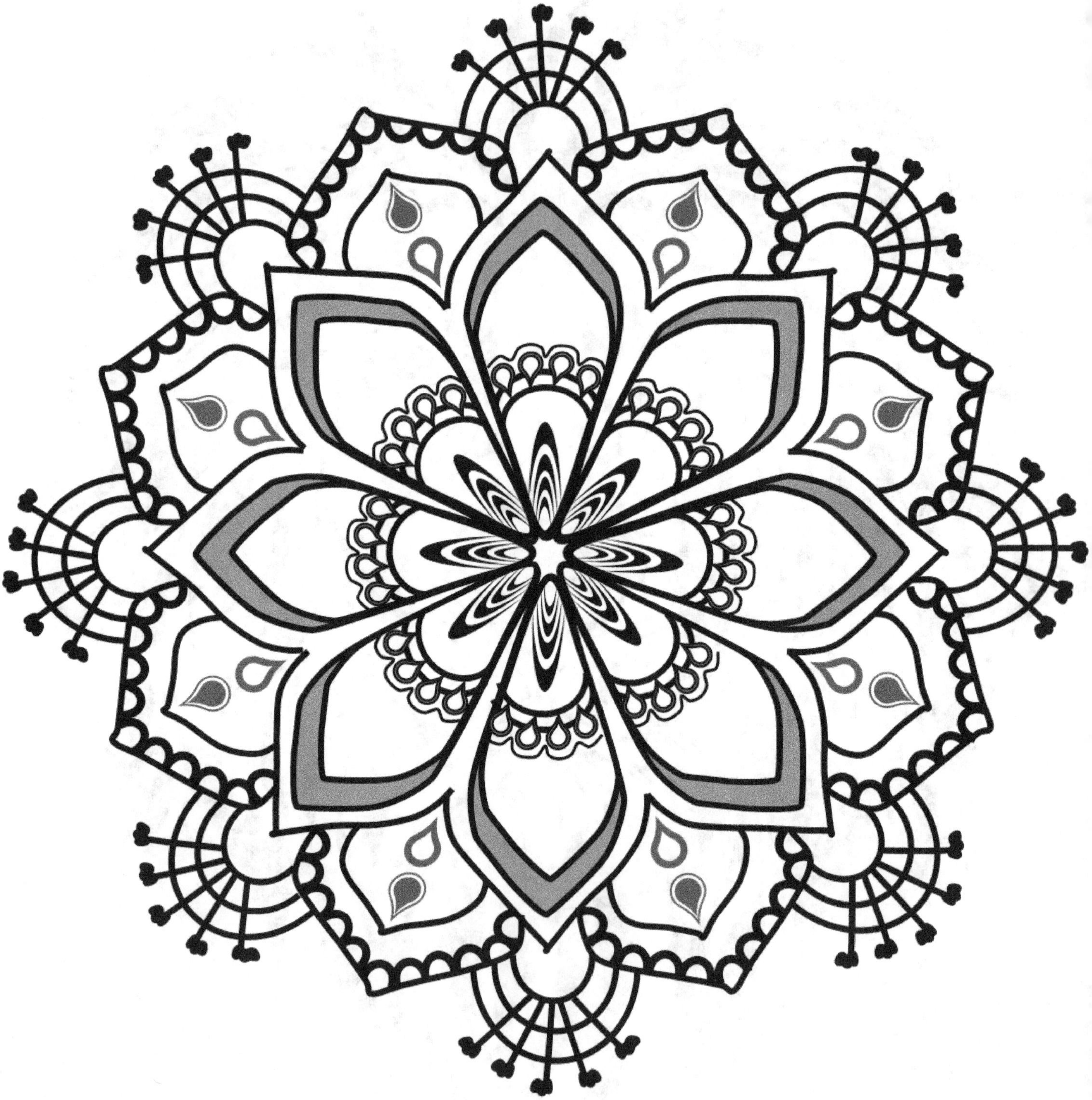

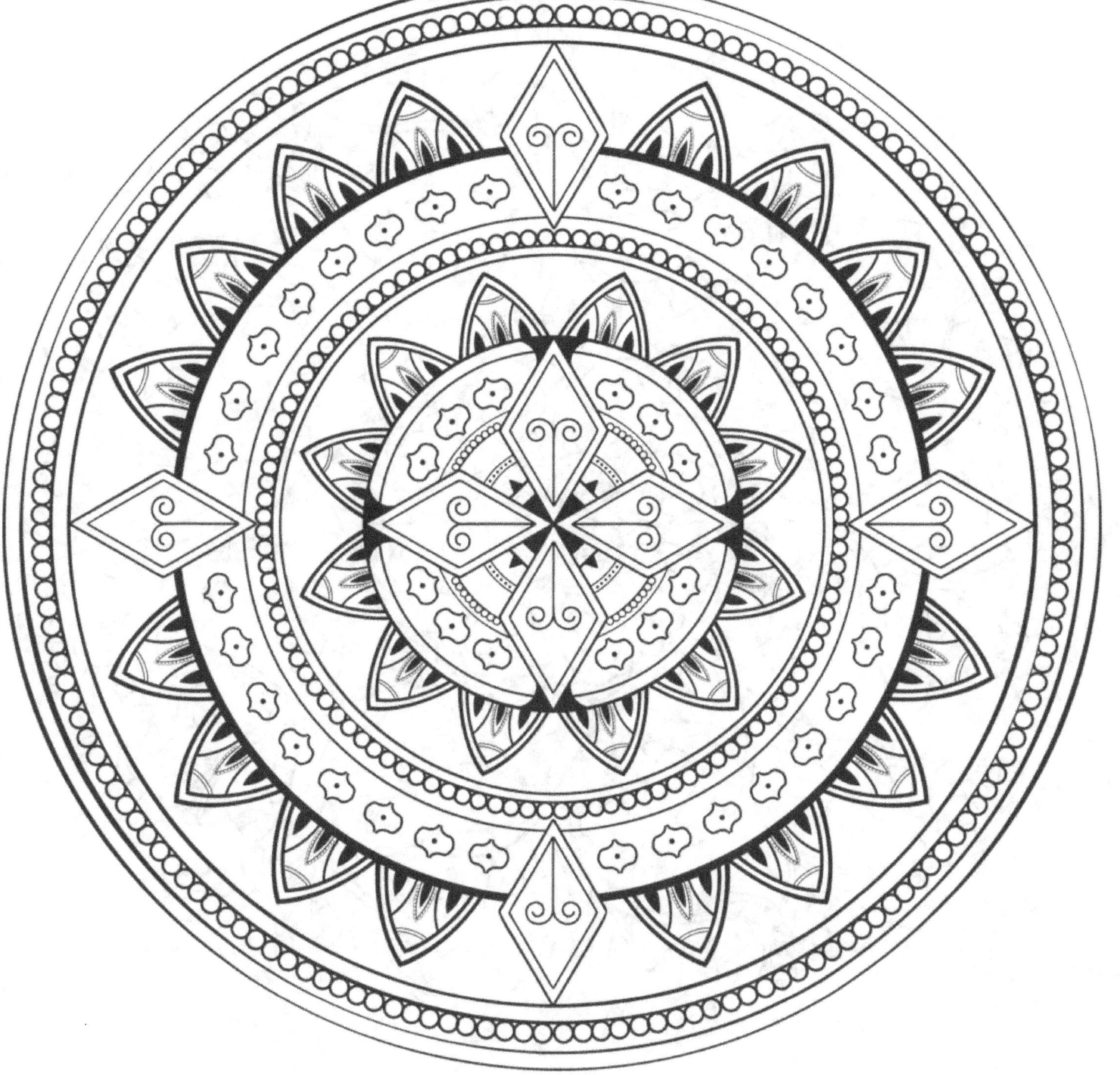

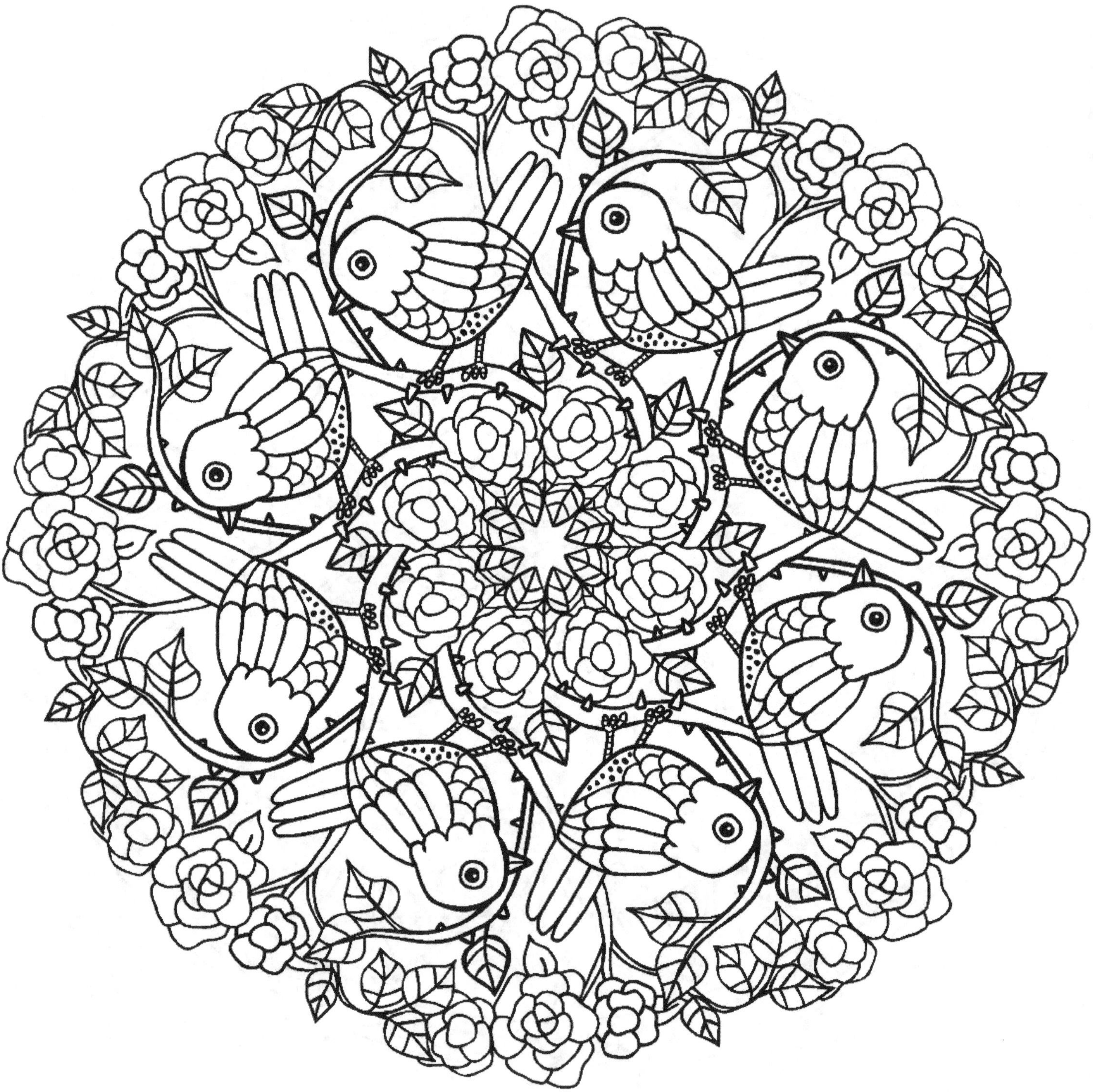

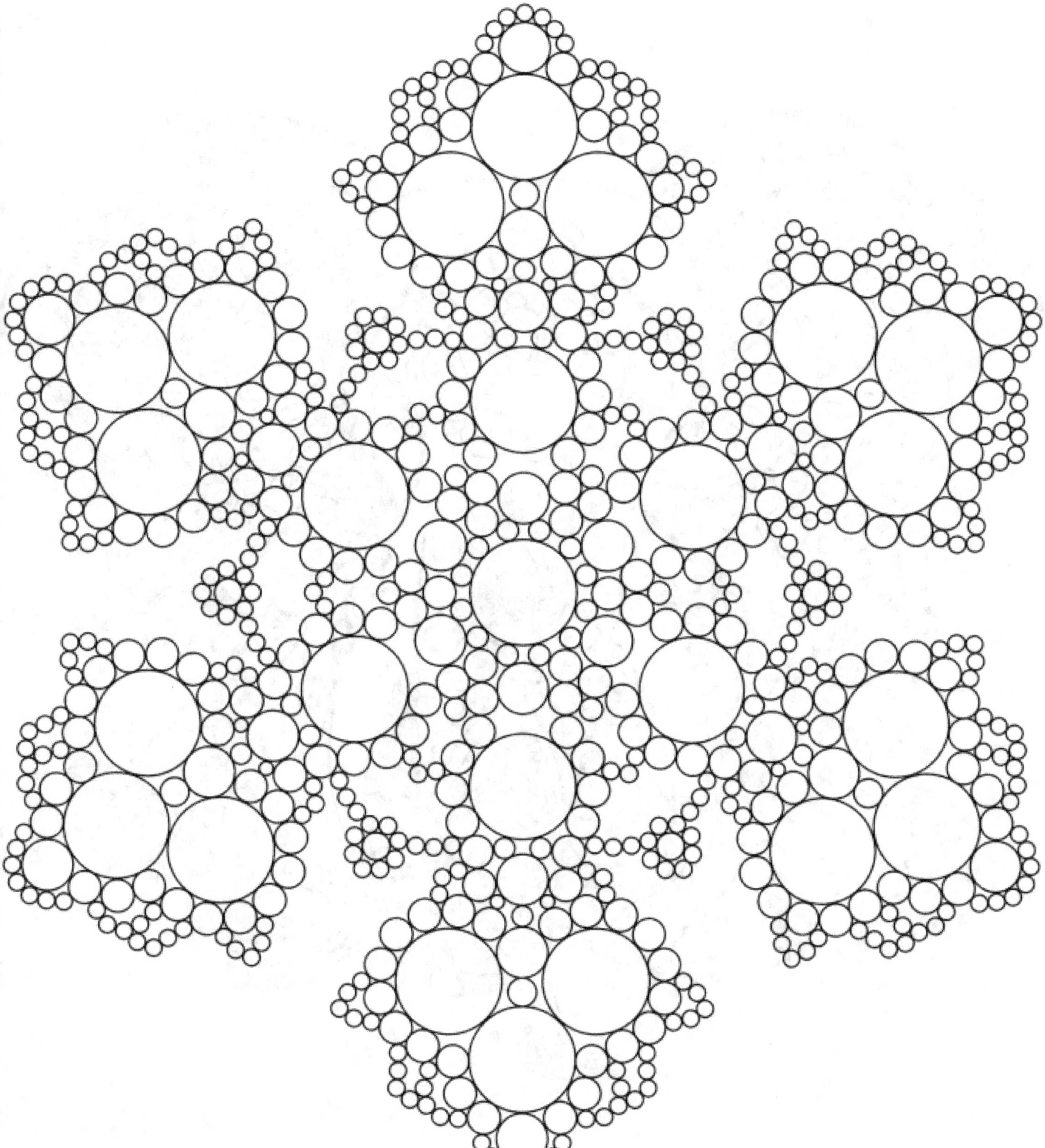

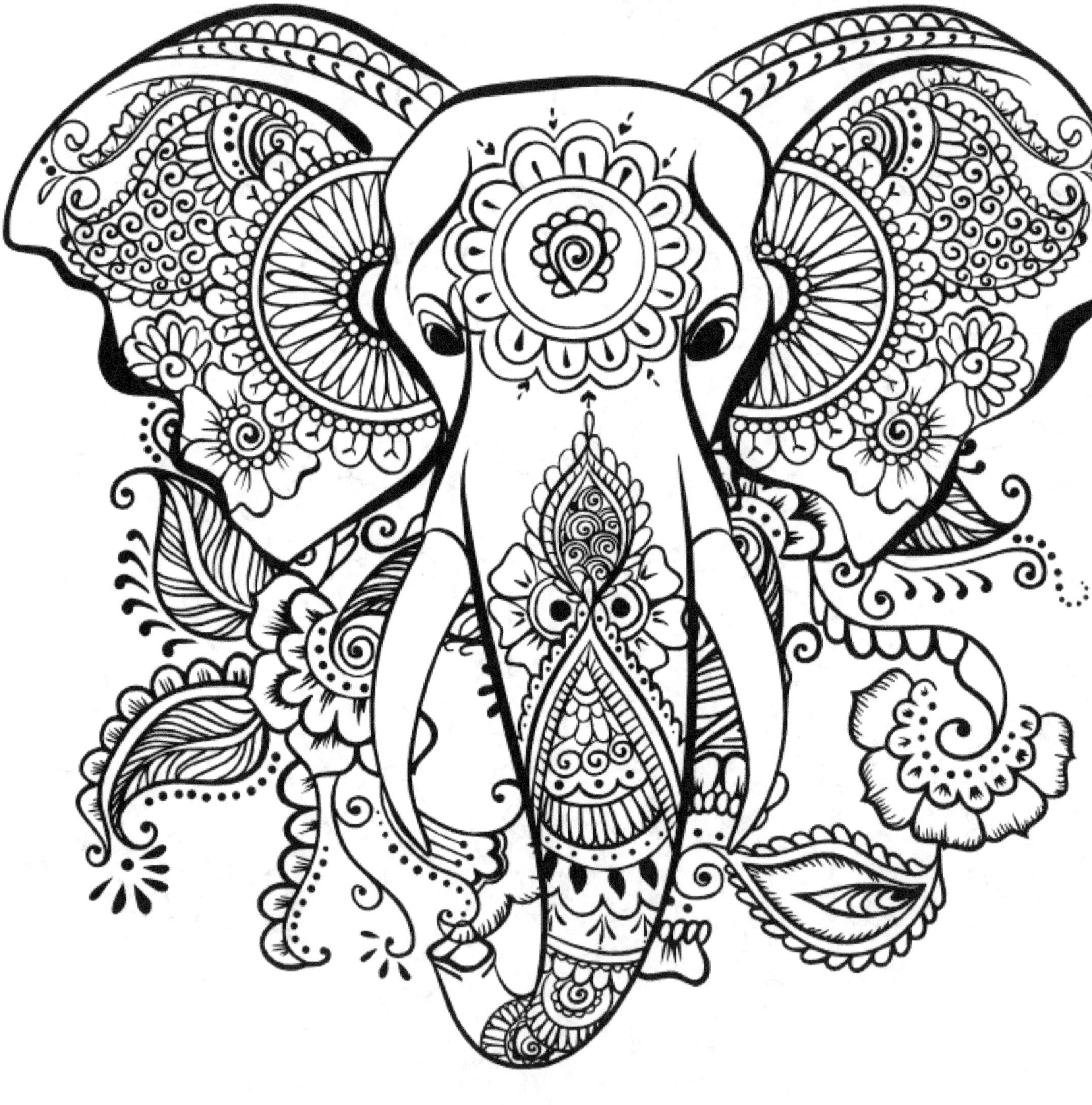